고래가 죽으면

깊고 깜깜한 바닷속.
짙은 어둠이 끝없이 이어져 있습니다.
아주 깊은 심해에는
낮에도 햇빛이 닿지 않습니다.

어?

새까만 어둠 속에서 작은 빛이

'반짝' 하고 빛났습니다.

그 빛에 이끌린 작은 물고기를
심해 아귀가 재빨리 삼켜 버렸습니다.
며칠 만에 만난 먹이였습니다.

꿀꺽!

커다란 공벌레처럼 생긴 모래무지벌레가
바닥을 느릿느릿 기어다니고 있습니다.

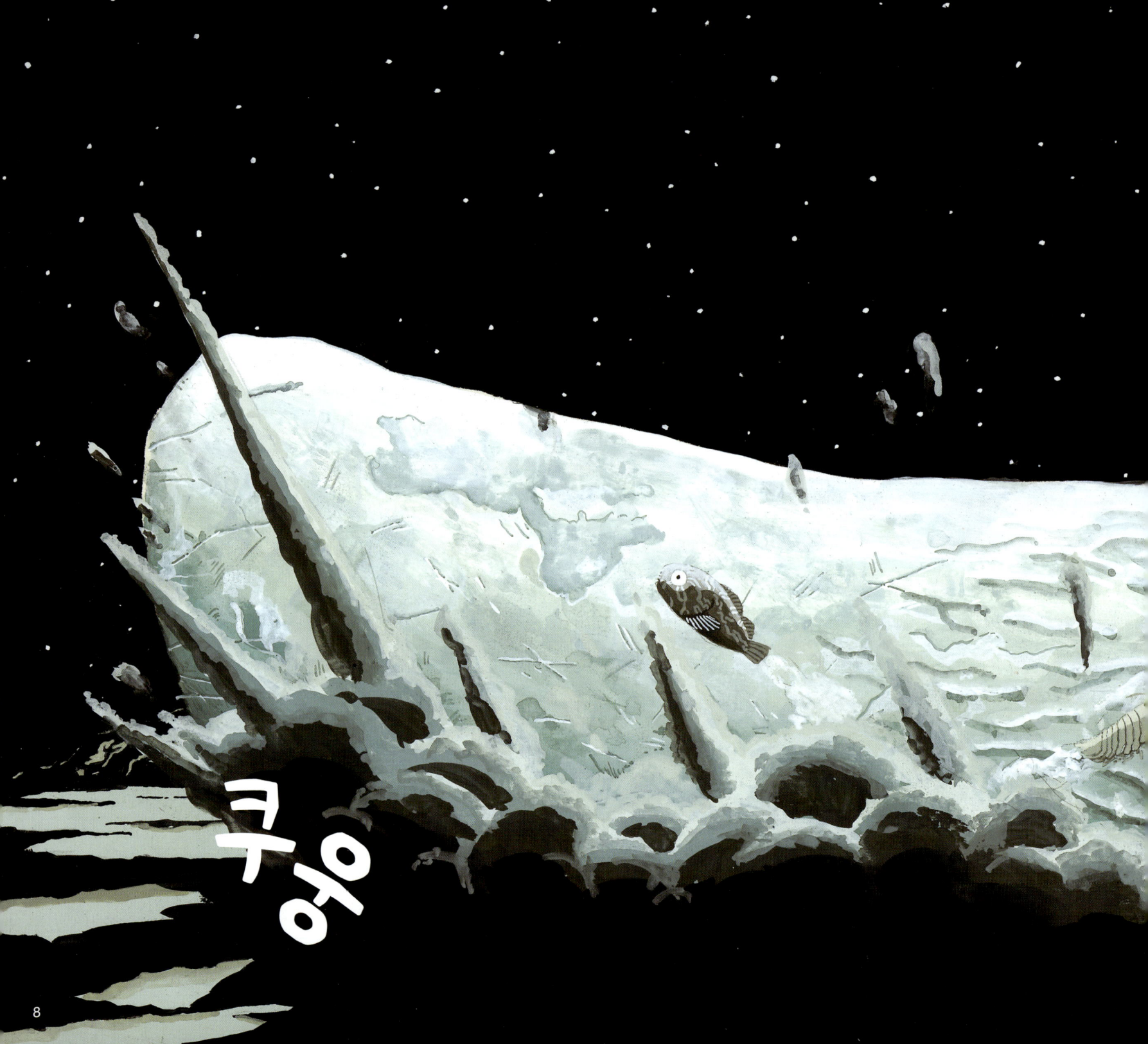

거대한 향유고래가 떨어졌습니다.
몇십 년에 걸친 긴 일생을 마치고
여기, 바다 밑바닥에 가라앉은 것입니다.

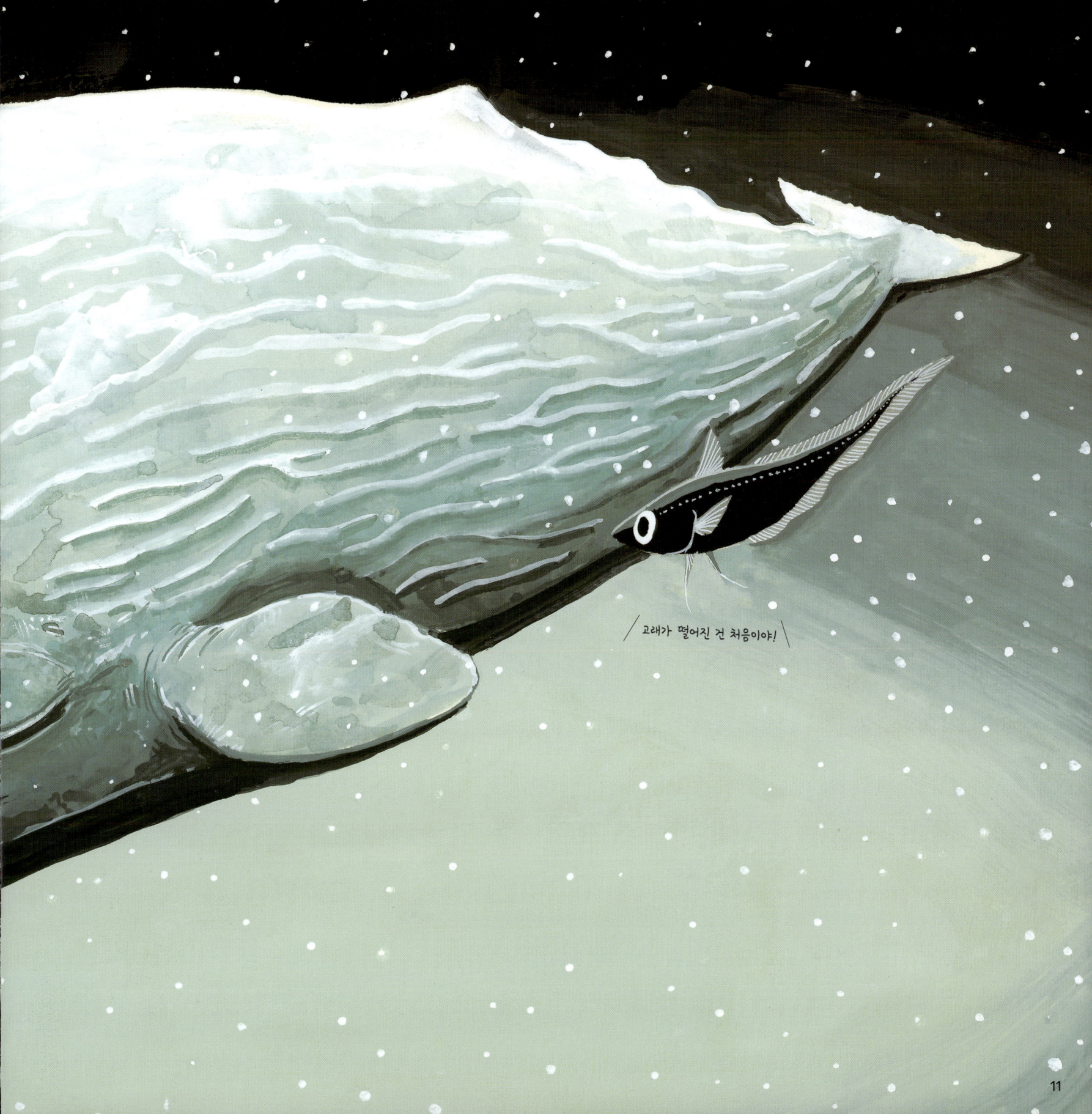

마침 거친피부상어가 그 근처를 헤엄치고 있었습니다.
이 상어는 무려 반년 동안 아무것도 먹지 못했습니다.

"여긴 먹이를 다툴 경쟁자가 적어서 좋지만,
먹이도 많지 않단 말이지."

그때 어디서 맛있는 고기 냄새가
풍겨 왔습니다.

\ 이 냄새는! /

\ 설마… /

상어가 천천히 눈을 뜨자
초록빛 눈동자가 빛났습니다.

"고래잖아!"

상어는 날쌔게 헤엄쳐 가 고래를 덥석 물었습니다.

날카로운 이빨을 지닌 상어에게

고래의 두꺼운 피부는 아무런 문제가 되지 않았습니다.

냠냠

짭짭

멀리서 그 모습을 지켜보던 늘샹고상어들은
상어가 배를 채우기만을 애타게 기다렸습니다.
"빨리 먹고 싶어."
"상어가 큰 구멍을 뚫어 주면 먹기 편할 텐데."

드디어 상어가
고래 곁을 떠났습니다.

아아, 잘 먹었다.

야호!

고기 냄새에 이끌린 다른 생물들도
잇달아 고래 근처로 몰려들었습니다.

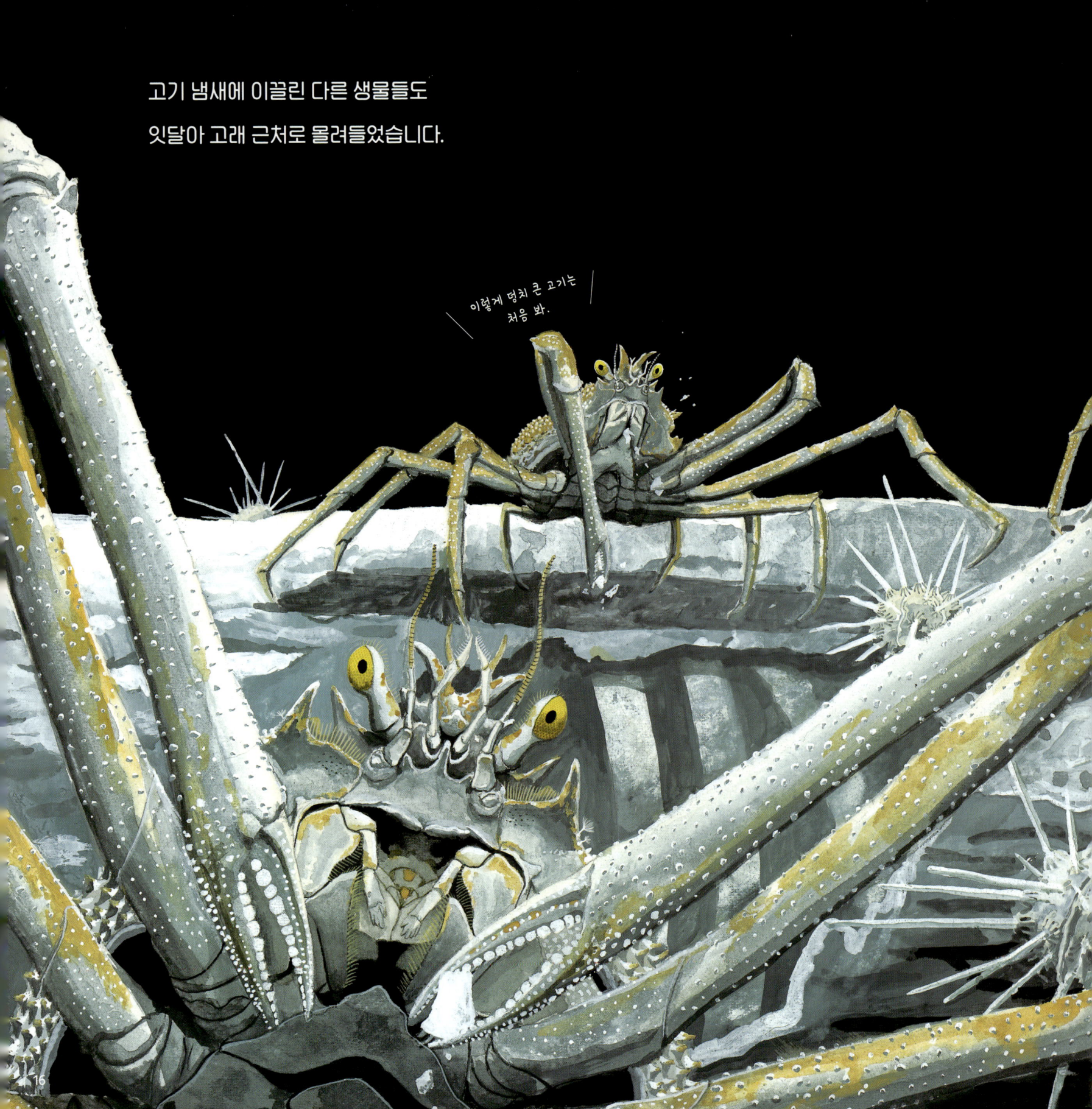

긴 다리로 달려온 키다리게는
집게로 고래 살을 능숙하게 발라내어
허겁지겁 입에 가져갔습니다.

가시투성이 성게들도
앞다투어 몰려와 고래 살을
먹기 시작했습니다.

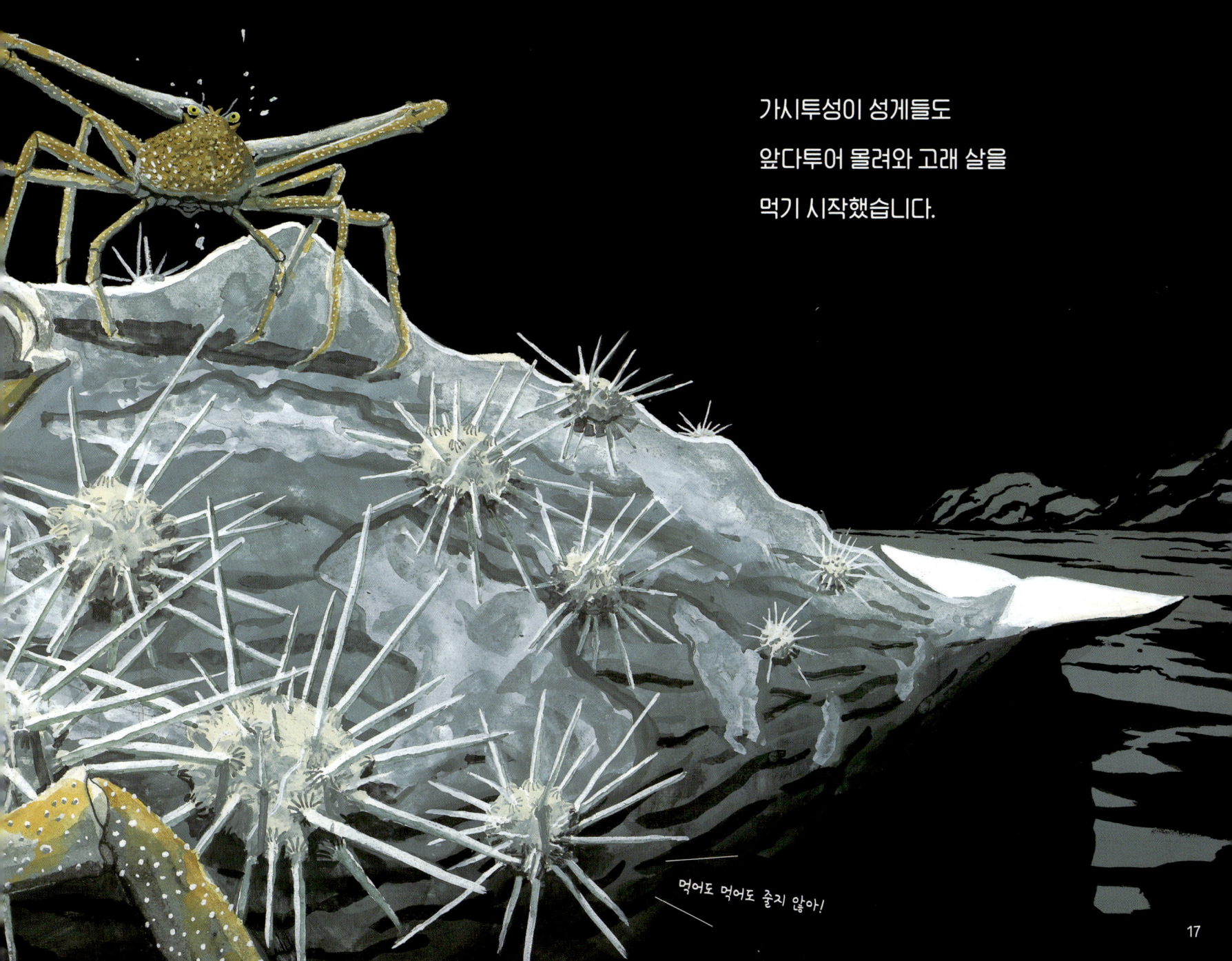

먹어도 먹어도 줄지 않아!

늘씬이 있던 내왕모래무지벌레도
고기 냄새를 맡았습니다.
몇 년 동안 아무것도 먹지 못해
속이 텅텅 비어 있었지요.

서둘러 고래 몸통에 달려들고는
정신없이 먹기 시작했습니다.

허겁
지겁

온갖 바다 생물이
고래에게로 이끌려 옵니다.

고래가 죽으면 무엇이 될까요?
고래의 몸은 깊고 넓은 바다에 차려진
진수성찬이 됩니다.

고래의 생명은 끝이 나도
그 몸을 먹은 생물들이
또 다른 생명을 이어 갑니다.

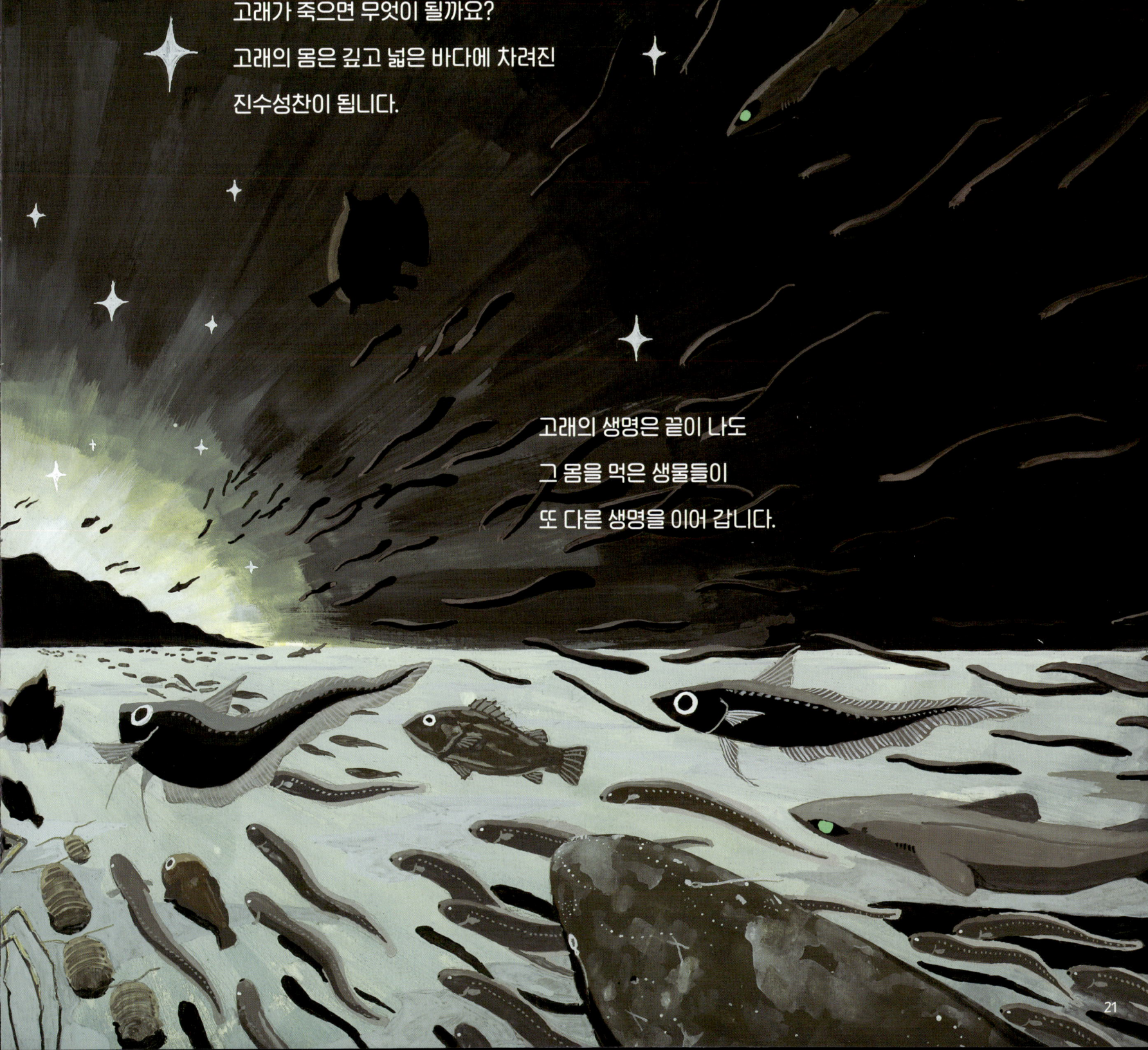

반년이 지났습니다.

어마어마하게 컸던 고래의 몸통은 거의 사라졌습니다.

이제 뼈만 남았지요.

그런데 뼈에 가까이 다가가 보니….

한들한들 흔들리는 빨갛고 가는 실이 고래 뼈를 뒤덮고 있습니다.
이 붉은 실을 내밀고 있는 건 뼈먹는꽃벌레라는 동물입니다.

이제 뼈만 남았다고요?

뼈야말로
맛있는 부분이죠!

냠냠
냠냠

우리 몸의 절반은
고래 뼛속에 있어요.

안전해 보이죠?

뼈먹는꽃벌레가 고래의 뼛속까지 다 먹어 치우는 바람에
뼈가 푸석해지고 구멍도 숭숭 뚫렸습니다.

고래의 뼈를 먹고 사는 뼈먹는꽃벌레는
이제 어떻게 하면 좋을까요?
헤엄치지도 못하고, 걷지도 못하는데 말이에요.

뼈먹는꽃벌레가 마지막 힘을 내어

토도독 알을 낳았습니다.

두둥실

둥실

둥실

이 뼈에서 살아가는 건
우리가 마지막이야.

얘들아, 바깥세상으로
여행을 떠나렴.

뼈먹는꽃벌레의 새끼들은

강한 물살을 타고

머나먼 바다로 흘러갔습니다.

깊고 깜깜한 바닷속.

어디로 가야 하는지도 모른 채,
새끼들의 여행은 계속되었습니다.

그때, 어디선가 죽은 고래 냄새가 희미하게 풍겨 왔습니다.

찾았다!

새끼가 고래를 향해
조용히 내려앉았습니다.

어떤 생물들이 나왔는지
다음 장에서 살펴봐.

심해의
고래가 죽으면 몰려드는 생물 도감

거친피부상어 (▶12-14, 20-21p)

길이: 약 1.2m
상어의 일종으로, 물고기 중에서는 아주 드물게 눈을 감을 수 있다. 고래가 심해에 가라앉으면, 거친피부상어나 뭉툭코여섯줄아가미상어 같은 심해 상어뿐 아니라, 뱀상어 같은 얕은 바다의 상어들이 냄새에 이끌려 몰려들기도 한다.

들창코장어 (▶14-15, 20-21, 33p)

길이: 약 60cm
먹이를 물어뜯을 수 있는 날카로운 이빨을 지니고 있지만, 고래의 두꺼운 피부를 베어 먹는 것은 쉬운 일이 아니다. 그래서 가늘고 긴 몸을 활용해 고래 몸에 생긴 구멍에 들어가 배를 채운다.

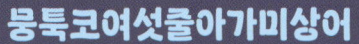

뭉툭코여섯줄아가미상어

에헴, 나는 어디에 나왔을까?
정답은 40쪽에.

키다리게 (▶16-17, 20, 33p)

길이: 양다리를 벌리면 약 3m
큼직한 고래 살도 집게다리로 조금씩 잘라서 먹을 수 있다. 고래가 아주 깊은 심해에 가라앉은 경우, 키다리게 대신 뾰족가시왕게가 발견되는 경우가 많다.

성게 (▶16-17, 20p)

가시 길이: 약 30cm
몸 아래쪽에 날카로운 이빨을 지니고 있다. 가시 사이로 가늘고 부드러운 다리가 수두룩하게 붙어 있어 고래의 몸 위에 올라갈 수 있다. 이 책에 나온 성게는 심해에 사는 황제성게이다.

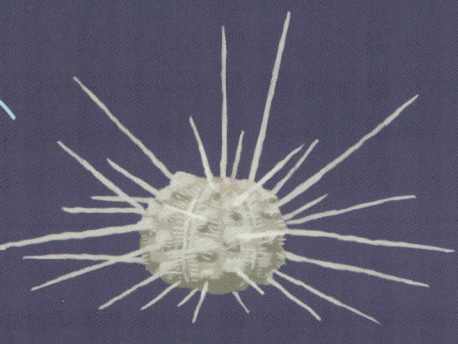

고래가 죽으면 바다 밑바닥에 가라앉는다.

고기를 먹는 생물들의 시대

→ **큰모래무지벌레** (▶20-21p)

길이: 약 10cm

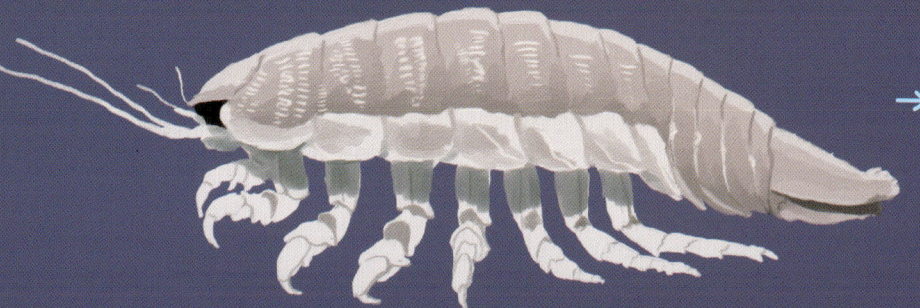

→ **대왕모래무지벌레** (▶4-9, 18-21, 33p)

길이: 약 50cm

육지에 사는 쥐며느리와 사촌 관계지만 훨씬 크기가 크다. 바다 밑바닥을 천천히 기어다니거나, 움직이지 않고 가만히 있는 경우가 많지만 헤엄도 칠 수 있다. 무엇도 먹지 않은 상태로 몇 년이나 살아갈 수 있다.

에헴, 나는 어디에 나왔을까?

정답은 40쪽에.

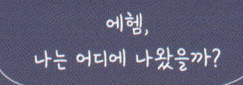 **먹장어**

수컷

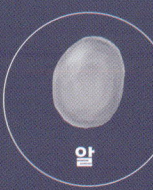

1밀리미터도 되지 않을 정도로 작다. 고래의 뼈에서 영양을 얻지 않고 그저 암컷의 몸에 붙어 자손을 남긴다.

알

아가미로 산소를 빨아들여 호흡한다.

새끼

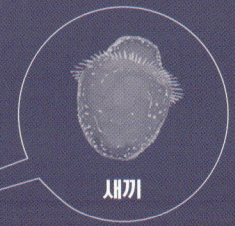

이 모습으로 바다를 떠다니다가 죽은 고래를 발견해 정착하면 몸의 형태를 바꾸어 뼛속에 파고든다. 한번 고래 뼈에 들어가면 나오지 않는다.

← **뼈먹는꽃벌레** (▶22-32p)

길이: 암컷 2mm~2cm

새빨간 아가미가 꽃처럼 보이고, 뼈를 먹어서 이러한 이름이 붙었다. '좀비 벌레'로도 불린다. 낚시 미끼로 자주 사용되는 갯지렁이의 일종이다.

입과 항문이 없다. 뼛속에 있는 콜라겐을 녹여서 영양분으로 삼는다.

※ 뼈먹는꽃벌레에는 오세닥스 자포니쿠스를 비롯해 여러 종류가 있다.

뼈를 먹는 생물들의 시대

다 먹고 남은 고래 뼈는 어떻게 되나요?

고래 뼈가 썩으면 아주 독한 '황화수소'라는 물질이 뿜어 나옵니다. 그런데 바다에는 황화수소를 영양분으로 바꾸는 박테리아가 살고 있습니다. 고래 뼈에 이 박테리아가 모여들면, 박테리아를 먹이로 하는 생물과 박테리아가 만든 영양분을 먹고 살아가는 생물이 모입니다. 고래의 거대한 뼈는 썩기 시작해도 금세 사라지지 않습니다. 이러한 생물의 시대는 수십 년이나 이어집니다.

①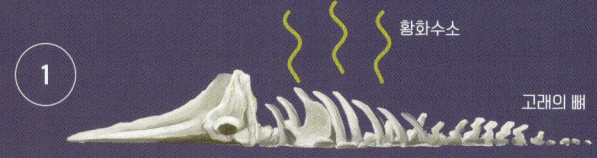
썩은 고래 뼈에서 '황화수소'가 뿜어 나온다. (황화수소 / 고래의 뼈)

②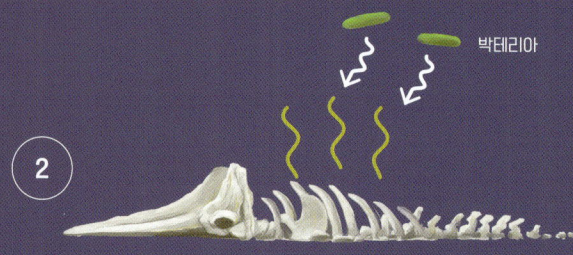
황화수소를 영양분으로 바꾸는 박테리아가 몰려든다. (박테리아)

③
박테리아를 먹는 생물과 박테리아가 만든 영양분을 얻는 생물들이 몰려든다. (허리꺾인새우 / 작고평평한심해홍합)

← **심해 관벌레**
길이 : 6~200cm
관벌레의 일종으로 자신이 만든 가는 관 안에 산다. 지렁이와 갯지렁이의 사촌으로 뼈먹는꽃벌레와 닮았지만, 모든 고래의 뼈에 있는 것은 아니다. 황화수소가 뿜어 나오는 곳이 아니면 살지 못한다.

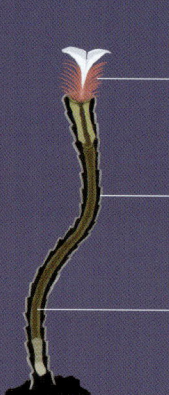
- 황화수소와 산소를 빨아들이기 위한 아가미
- 몸을 덮은 딱딱한 관
- 황화수소를 영양분으로 바꿔 주는 박테리아

작고평평한심해홍합
길이 : 1~2cm
황화수소가 나오는 곳에 사는 심해 조개. 아가미에 사는 박테리아가 황화수소를 영양분으로 바꾸면 그것을 양분으로 살아간다.

허리꺾인새우 (▶26p)
등딱지 길이 : 2~5cm
갯가재의 일종. 고래의 몸이나 고래 주변에 몰려든 박테리아 덩어리(박테리아 매트)를 먹기 위해 나타난다.

뼈에 사는 생물들의 시대

거의 100년
뼈가 거의 사라졌다. 아주 조금 남은 뼈는 생물들의 서식지 역할을 한다.

책에 나오는 다른 생물들

← 심해 대구 (▶11, 20-21, 25, 33p)
길이: 13~220cm
고래 몸통에 남은 찌꺼기를 먹는 작은 물고기를 노린다.

향유고래
길이: 약 18m
수백 미터 깊이까지 잠수할 수 있으며 큰 턱으로 대왕오징어를 잡아먹는다.

← 붉은멍치 (▶5, 7, 8, 21p)
길이: 20~30cm
심해 밑바닥에서 움직이지 않고 가만히 있는 경우가 많다.

에스카

심해 아귀 (▶1-3p)
길이: 암컷 7~120cm
'에스카'라고 불리는 주머니 안에 빛을 내는 박테리아를 모아서 다닌다. 이 빛나는 에스카를 미끼로 사용해 물고기를 유인하고 잡아먹는다. 이 책에 나오는 심해 아귀는 나무수염아귀이다.

작은 수컷

나무수염아귀와 그 친척 아귀들은 수컷이 암컷보다 훨씬 작다. 심해에서는 좀처럼 암컷을 만날 수 없기에 수컷은 암컷을 발견하면 그대로 한몸이 되어 자손을 남긴다.

거미불가사리 (▶14-15p)
길이: 4~15cm
다섯 개의 팔이 무척 가늘고 길다. 차가운 극지방 심해에서 무리 지어 지내는 경우도 있다.

삼천발이 (▶5, 7, 9p)
팔 길이: 최대 1m 이상
식물처럼 보이지만 사실은 동물로, 거미불가사리의 일종이다. 촉수를 뻗어 물속에 떠내려오는 작은 먹이를 잡아서 먹는다.

고래 낙하가 궁금해!

※ '고래 낙하'란 고래가 심해 밑바닥에 가라앉는 현상을 일컫는 말입니다.

Q 새까만 어둠 속에서 생물들은 어떻게 바다 밑에 가라앉은 고래를 발견할까요?

A 심해에는 냄새를 잘 맡는 물고기가 많습니다. 그래서 고래가 풍기는 냄새로 알아차리죠. 사람은 깊은 심해까지 헤엄쳐 내려갈 수 없기에 잠수정을 타고 내려가 조명으로 해저를 비추어 고래를 찾습니다. 이 책의 감수자인 후지와라 요시히로 씨는 바다 아래로 4000미터나 내려가, 가라앉은 고래 뼈를 발견하고 고래 주변에 모인 생물들을 관찰했습니다.

잠수정 '심해 6500'은 사람을 태우고 바다 아래 6500미터까지 내려갈 수 있다.

브라질 해안에서 우연히 발견된 고래 뼈. 바다 생물이 모여들고 있다.

Q 고래가 죽어서 바다 밑바닥까지 떨어지는 게 자주 있는 일인가요?

A 전 세계 바다에는 대충 어림잡아도 약 10만 마리의 고래가 살고 있습니다. 고래가 많은 바다라면 한 마리 고래 사체로부터 10킬로미터도 채 되지 않는 곳에 또 다른 고래 사체가 떨어져 있을지도 모릅니다. 그럴더라도 뼈먹는꽃벌레의 새끼처럼 잘 헤엄치지 못하는 생물들은 다음 고래에게로 가는 일이 아주 드뭅니다. 바다 물살이 흐르는 대로 실려 가기 때문에 어디로 갈지 운에 달려 있거든요.

Q 고래를 발견하지 못하면 고래 말고 다른 물고기를 먹고 살면 되지 않을까요?

A 상어처럼 자유롭게 헤엄치는 생물들은 꼭 고래 사체가 아니어도 먹이를 구할 수 있겠지요. 뼈먹는꽃벌레 새끼가 간혹 죽은 물고기에 내려앉기도 해요. 하지만 움직일 수 없는 뼈먹는꽃벌레가 일생을 살고, 자손을 남기기 위해서는 금방 사라지지 않을 정도로 커다란 고래가 어떤 이유에서든 필요합니다.

수심 927미터의 해저에 가라앉은 고래의 뼈.

Q 바닷속에 보이는, 별처럼 반짝이는 흰 점들은 무엇인가요?

A 심해에는 생물의 몸에서 떨어진 점액이나 작은 생물의 배설물과 사체가 마치 눈처럼 천천히 내려앉습니다. 먹을 것이 드문 심해에서는 '바다의 눈'이라 불리는 이 마린스노가 생물들의 아주 소중한 먹이가 됩니다. 그러한 심해에 고래 한 마리가 떨어지는 것은 2000년 동안 먹을 먹이가 한번에 떨어져 내리는 정도로 경사스러운 일입니다.

춤추는 듯 내려오는 마린스노. 깊은 바다 밑바닥에 사는 해면동물에게 없어서는 안 될 중요한 먹이다.

사진 제공: JAMSTEC 그림: 가와사키 슌이치

※ 정답: 뭉툭코여섯줄아가미상어(20쪽 왼쪽 아래), 먹장어(21쪽 오른쪽 위)

에구치 에리 글

어린이 책을 쓰는 작가입니다. 쓴 책으로는 일본그림책상을 받은 《흔들흔들 정원장어》를 비롯해 《도마뱀의 발바닥은 신기한 테이프》, 《보노보》, 《미래를 바꾸는 목표-SDGs 아이디어 북》 등이 있습니다. 잡지나 웹 사이트에 실리는 인터뷰 기사를 쓰기도 합니다.

가와사키 슌이치 그림

동물을 전문으로 그리는 화가이자 일러스트레이터입니다. 2017년에 나온 《바다는 순환한다》로 그림책 작가가 되었습니다. 그림을 그린 책으로는 《잠을 잘 수 없을 정도로 재미있는 고생물》, 《지구 무척추 생물 흥망사》가 있습니다. 분류나 진화, 생태계 이야기를 좋아하고 멸종한 고생물, 바다 생물을 즐겨 그립니다.

황진희 옮김

번역가이자, 작가, 그림책테라피스트입니다. 현재 '황진희 그림책테라피 연구소'를 운영하고 있습니다. 지은 책으로는 《우리는 서로의 그림책입니다》, 《숲으로 읽는 그림책테라피》가 있으며, 옮긴 책으로는 《태어난 아이》, 《비 오니까 참 좋다》, 《호박 목욕탕》, 《하늘을 나는 사자》, 《내가 엄마를 골랐어!》, 《마음이란 무엇일까?》 등이 있습니다.

후지와라 요시히로 감수

일본 해양연구개발기구(JAMSTEC)의 수석 연구원이자 동경해양대학의 객원 교수입니다. 심해에 가라앉은 고래가 만들어 내는 '경골 생물 군집'을 비롯하여, 심해에 살고 있는 생물들의 관계성을 밝히는 연구를 이어 가고 있습니다. 다양한 심해 생물을 직접 카메라로 담기도 합니다. 《심해에 사는 아주 독특한 생물》, 《추적! 심해 생물》의 감수를 맡았습니다.

김동성 한국어판 감수

일본 동경대학교에서 생물 과학을 공부하고 석사와 박사 학위를 받았습니다. 한국해양과학기술원(KIOST) 제주연구소장을 맡고 있으며, 과학기술연합대학교와 해양과학기술전문대학원 교수로 있습니다. 《과학자들은 왜 깊은 바다로 갔을까?》, 《갯벌에서 심해까지》, 《해양생물의 세계》 등을 함께 썼으며, 《심해 생명체의 비밀》, 《잠수정의 세계》처럼 바다를 무대로 하는 도서들의 감수와 번역을 맡았습니다.

협력

야마키 아유타(신에노시마 수족관), 로버트 젠킨스(가나자와대학)

※이 책에 등장하는 생물 가운데 한국어 이름이 없는 경우는 전문 감수자의 의견을 따랐습니다. 국내 표준 이름이 정해지면, 이 책에서 사용한 한국어 이름은 달라질 수 있습니다.

고래가 죽으면 : 100년 동안의 경이로운 먹이 사슬

초판 1쇄 발행 2025년 6월 5일 | 초판 3쇄 발행 2025년 11월 28일
글 에구치 에리 | 그림 가와사키 슌이치 | 감수 후지와라 요시히로 | 한국어판 감수 김동성 | 옮김 황진희
펴낸이 최순영 | 교양 학습 팀장 김솔미 | 편집 연혜진 | 키즈 디자인 팀장 이수현 | 디자인 진예리
펴낸곳 ㈜위즈덤하우스 | 출판등록 2000년 5월 23일 제13-1071호 |
주소 서울특별시 마포구 양화로 19 합정오피스빌딩 17층
전화 02) 2179-5600 | 홈페이지 www.wisdomhouse.co.kr | 전자우편 kids@wisdomhouse.co.kr
ISBN 979-11-7171-402-5 74400

Kujira ga Shindara

Text copyright © 2024 by Eri Eguchi
Illustrations copyright © 2024 by Shunichi Kawasaki
First published in Japan in 2024 by DOSHINSHA Publishing Co., Ltd., Tokyo
Korean translation copyrights © 2025 by Wisdom House, Inc.
Korean translation rights arranged with DOSHINSHA Publishing Co., Ltd.
through Japan Foreign-Rights Centre/Shinwon Agency Co., Ltd.

이 책의 한국어판 저작권은 신원 에이전시를 통해 저작권사와
독점 계약을 맺은 ㈜위즈덤하우스에 있습니다.

* 저작권법에 의해 한국 내에서 보호를 받는 저작물이므로 무단 전재와 복제를 금합니다.
* 인쇄·제작 및 유통상의 파본 도서는 구입하신 서점에서 바꿔드립니다.
* 책값은 뒤표지에 있습니다. * 이 책의 사용 연령은 8~13세입니다.

심해의 세계

100m
농어

200m

초롱아귀

1000m

펠리컨장어

뭉툭코여섯줄아가미상어

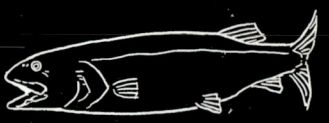
3000m
천하장사정어리